HINRICH KRUSE
ÜMKIEKEN

Gedichten

Verlag SCHUSTER Leer

Verlag der Fehrs-Gilde Hamburg

Biographische Notiz

Hinrich Kruse * 27.12.1916 Toftlund/Nordschleswig,
Hauptlehrer, lebt seit 1958 in Braak bei Neumünster.
K. schrieb eine Reihe von Büchern (Prosa, Lyrik,
volkskundl. Themen) und Hörspielen (NDR, RB, WDR),
er erhielt u.a. 1965 den Hans-Böttcher-Preis und
1979 den Fritz-Reuter-Preis der Stiftung F.V.S.
Eine ausführliche Bio-Bibliographie ist enthalten in:
·Claus Schuppenhauer, Lexikon niederdeutscher Autoren,
Leer: Verlag Schuster, 1975 –

ISBN 3-7963-0171-1
1. Auflage 1979
Alle Rechte der Verbreitung und des öffentlichen Vortrags,
auch durch Funk, Fernsehen, fotomechanische Wiedergabe, Ton-
träger jeder Art und teilweisen Abdruck, vorbehalten.
© 1979 by Verlag SCHUSTER D 2950 Leer
Umschlaggrafik: A. Langwisch
Schrift: Garamond 9/11 Punkt
Gesamtherstellung: Hans Kock Buch- und Offsetdruck GmbH,
Bielefeld
Printed in Germany

Hinrich Kruse Ümkieken

Bunte Welt

Bemöten
heet Gröten –

Doch laat di von
den goden Ton
in düssen Salon,
Madame un Garçon
un den Scheiß-Jargon
op gar keen Façon
ut de Tüffeln stöten!

Eutiner Kreisen

Un in Eutin, seggt he, is dat fein,
un de Gegend dar, de muchst du ei'n!
Dar kann jeder, seggt he, kannst dat raden?
Sik mal so recht un satt in Rosen baden.

Kunn Odysseus, seggt he, ja nich weten,
harr sünst bestimmt hier sien Homer vergeten.
Kunn sitten, seggt he, un mit uns anstöten
un ut Eutin de Welt mit Rosen gröten!

Bunt is de Welt, seggt he, man blots
de Fremd'nverkehr
nimmt so bilüttens överhand un noch veel mehr.
Dar lööv ik mi sien Fru, de fein to Huus
sien Leed sung
un ok, seggt he, bi Frier-Marktwirtschaft
nich fremdgung.

Man goot, seggt he, dat twischen Zilla un Gelübbtes
un mang Sirenen em so teemlich allens glückt is.
Wat leet Homer, seggt he, em ok gefährlich reisen?
Bequemer harr he't hatt in uns Eutiner Kreisen!

Hier hörst du nix, seggt he, von Styx un Sex.
Denkst di blots wat un söchst keen Stellen
in'n Text -
Wiet weg, seggt he, swümmt Leda mit den Swaan,
stött he sik af un sitt alleen in'n Kahn.

Hallo! seggt he, nu warr't ja wull en Odyssee!
Mit'nmal sitt em en smucke Deern op't Knee!
Drink mit, seggt he, un drinkt ehr in sik rin,
un sünd denn beid ganz op een Mundart »in«!

Nu hett so'n Take-up, seggt he, ok ja Grenzen
un dörfst verdimmig hier keen Musen swänzen!

De sünd dat doch un buut för allens
                    en golden Brüüch!
Mit wat för'n Make-up, seggt he, keemst du
                    sünst wull trüüch?

Nee, in Eutin, seggt he, kannst nich verweih'n
un jede Gegend dar, de muchst du ei'n!
Hier kann jeder, seggt he, mußt noch raden?
Sik mal so recht un satt in Rotwien baden!

Liekers

De dat Rennen
maken will,
kickt sik nich üm -

Geiht dat
al wat möder
ut den Stall,
dreih keen Wöör,
kehr liekers nich üm -

Do lever,
wat du di noch
toseggt hest!

Nostalgie

Nix anners
as en beten mehr
olen Kram hebben
as anner Lüüd un
allens en beten beter
un noch en beten mehr
un noch un noch -

Un denn is dat
Nostal-gier -
nich mehr dat
lütt beten Heimat
na sik sülven.

Paradies

En Jung leeg lang
in'n Appelgaarn
un dach, he kunn
dat Drömen wahrn:
»Hier is dat Paradies –
wo harr dat sünst wull legen?
Un hier lieg ik –
keen harr dat sünst wull kregen?
Nu wies mi eener
doch den Mann, de mi
dar ut verdrieven kann!«
Dar keem keeneen –
blots en lütt Deern:
»Stah op, Gesell!«
»To geern, to geern!«

Vertell von San Marino

Hoch dar baven in't Kastell
sitt bestimmt Hein Griep in'n Wind,
de Deern op'n Knee.
De seggt: Vertell!

Junge, dar sitt he, de Kerl,
un lüggt ehr de Huut vull.

Un wenn dat ok man Lögen sünd –
ik kledder gau de Treppen rop,
dree Sprüng in eens
hoch na't Kastell –

Du sittst hier so alleen, mien Deern?

Goden Dag, Hein Griep in'n Wind, vertell!

Un dar sitt he denn, de Kerl,
un lüggt ehr de Huut vull.

Hörspill

För Ivo Braak

Dat kummt an uns all
un geiht dar över weg
as Överschall -

Geiht dat rasch
un warrt gau wedder still
in de Feldmark -

Wenn dar noch
langop, langdal,
langdal, langop
en Trepp knarrt -

Wat schall dat?
fraagt de Bischoff
von Meckelnborg -

Aver noch in'n Slaap
hört he di wat seggen
un is wedder ganz waak
un ok eenerwegens
to Huus.

Parsifal

Bün ik'n Snob,
oder heff ik blots
keen Auto un will mi
revanchieren, wenn
anner Lüüd in'n
Mercedes sitt?

Bi Tempo 120 weiht
buten Bööm vörbi, un
dat unvernünftige Veeh
graast un weet nix
von den Wien op
mien Reis un wo dat
hengeiht mit den
Trans-Europa-Expreß.

Vörjahr

Dat wiede, siede, griese Land
mit hier en Bulten Heid un
dar en blänkern Waterkuhl
in't brune Moor.

In de Feern de Wohld
en düstern Streek.

Witte Barken feegt
mit lila-roden Bessen
deepe Wolken.

Denn regent dat, un dat
wiede, siede, griese Land
warrt wedder gröön.

Ümkieken

Op helle Straten
lang de Lien -

Reeperbahn
Piccadilly
Montmartre

löppt dien Schatten
mit un danzt in
dat bunte Licht.

Bi't Ümkieken fehlt
em blots de Farben
un ok dat hungerige
Gesicht -

Fahrplan

Wo is de Reis bleven?
Töövt de Bahnstieg
op den Mann, de em
sünst ümmer reinfegt –

Huck ik dar noch,
weet de·Gammler Bescheed,
wo de Reis nich hengeiht
un bemött doch
üm Merrnnacht
in Paris Clochards
ünner de Brüüch
un verbrennt dar
bi'n Buddel Wermut
den Fahrplan –

Kiek ik mi üm
na mien Reis,
kummt de Mann
mit den Bessen
un fegt de Asch –

De ik kennt heff

Op den Bahnstieg von do
bleben se nich –

Wo se afbleben sünd,
stunn do noch nich
in'n Fahrplan –

Fahnenleed

Farbenspill in'n Wind

Danebrog
Union Jack
Rode Steern
Stars and Stripes
un Trikoloren
krüüz un queer –

Vogelscheterbüx
Füürwehrwix
Manöverball
Överschall
Nato-Stander
Propaganda –

Regennatt
hullt de Fahn
sik an de
Fahnstang
fast –

Deernskleeder
dröögt bi
Fahnenleeder
lang de Lien

Farbenspill in'n Wind

En Bild von Pieter Holstein

Twischen Slip un Morgenrock
twee Rosen sööt in vulle Blööt
hangt an Kniepen
lang de Lien –

Galerie Mangelgang,
Groningen/Nederland
1968 –

Is de Slip al dröög,
drüppelt rode Rosen
noch Dau un wahrt
de Morgenrock sik weg.

Kinnerhand

Wat so'n Kinnerhand
an en Vörjahrsdag
allens plant –

Hier is de Sand.
Kumm un meet di
dar wat von af –

Gifft dat
so'n groten Garden
sünst narrms un
in'n Droom noch
röhrt sik de
Kinnerhand un
wöhlt in de Eer
un plant di
mit in –

Bliev ik
hier nich –

Bliev
ik nich,
blots –

Wat so'n Kinnerhand
allens plant –

Juni

Kalverkruut
un Ellhorn prahlt
witt den Weg lang -

De Roggen blöht
en hitten Stoot
un lett naher den
Kopp hangen -

Dag för Dag
söökt Immen
in de Blööt un
warrt nich satt -

Hett de Voß bruut,
baadt Matthias Claudius
sien Vullmaand bleek
in Daak un Dau -

Sitt wi noch vör Döör,
horcht de kranke Naver
den letzten Trecker
na Huus -

Jungveh bölkt heesch
un een so'n Bull
stött deep in en
tokamen Koh -

De Nacht rüükt na mehr
frischsneden Gras -

Kleed

Ja, ik weet –
singt se mien Leed
un singt dar wat her –

Weet ja, weet,
wo ik weer un weer
dar ganz alleen mit em,
un wat ich nich daan heff.

Steiht dat nu breet
in't Blatt un steiht
dar noch mehr, un
wat ik allens dee.

Weet se all Bescheed
över Kragen un Kleed
un wat dar ünner.

Weet se all genau,
wat he wull, un he
wull dat so geern
un blaast dat nu ut.

Singt se wat her,
sing ik mien Leed.

Ja, ik weet,
weet wo ik weer – un –
wat ik nich dee.

Ik weer dar bi em,
un he full op de Knee.

Kalender

Wenn de Ellhorn blöht
un smitt sien Schatten,
de Sommer över't Land hengeiht,
naher de Drusselbeien sik farvt,
sik wedder mal farvt,
un de Hund von domals
sik nich mehr meldt,
sik allens so trechtlöppt,
as weer dar nix ween un
de Ellhorn blöht un sien
Schatten smitt un
Jahr üm Jahr sik
Drusselbeien farvt,
as weer dar nix ween.

Un wat dar weer, warrt
nich mehr wahr, wenn
de Ellhorn blöht un
sien Schatten smitt un
Drusselbeien sik farvt.

För'n Papierkorf

De iesern Klammer,
de uns' Papiern tosamenheel,
hett lang al Rust ansett.

Op dat eerste un
dat letzte Blatt
lett dat as
opdröögt Bloot.

Aver se blött noch, de Stell,
wo so'n ganz gewöhnlich
Meß tosteek un bleev
dar in sitten.

Krüüzweg

Wiespahl
Kleverveer
Drusselbeienbusch.

Dreiht sik en Möhl
in blaue Feern
ümmer rundüm
ümmer rundüm.

Ümmer -
gifft dat so'n Möhlen
nu meist gar nich mehr.

Blots de een noch
dreiht sik
in wiede Feern.

Stückenzucker

Sünndagmorgen
in düt gottverlaten Kaff.

Bi't Tähnputzen
al Klockenlüden un
Klockenlüden to'n
Fröhstück serviert,
as harrn wi tosamen
slapen un nich opseten
de lange, lange Nacht.

Stück Zucker?
Wat seggst du?
Sä ik denn wat?

Dar blifft nix as
mi smeckt dat ok nich
bi Klockenlüden un
as harrn wi Wunner,
Wunner wat hatt
bi Nacht.

Ik wull düsse Reis,
un du keemst mit
na düt gottverlaten Kaff
mit'n Sünndagmorgen un
Stückenzucker, un sünst
nix mehr los as
Klockenlüden.

Half Stunn wieder
reist wi af, un
jeder för sik
mit Klockenlüden -

Krüselbuschbarg

Ogen lacht
bi all dien Pracht –

Klaamt ok de Heven koolt,
noch steiht de Wohld –

Ik heff de Jagd!

Smuck Blatt

Ik bün de Harvst,
schrifft he sik sülven
sien Autogramm.

Weiht dat Jahr
noch mal dörch
un küselt sik in
Blatt för Blatt
ut den Kalenner.
Op schreven Schrift
bleekt al de Black.

Ole Rekens
geiht he dörch un dörch
un störmt sien egen Döör.

Von nu bet
Swienslachten un
naher is Wiehnachten,
geev dat sünst doch
ümmer mal en Stoot,
un weer een Licht bunter
as dat anner.

Töövt he dat af un
tellt sik Blatt för Blatt
in'n Schoot un kann
keeneen dull ween.

Vertellt he noch,
bleekt al bi
ole Geschichten
de Black.

Naher geiht em dat
as anner Lüüd ok
un kriegt so'n
smuck Blatt
in Swatt.

Ruuchriep

Vogel
mit de rode Bost
flüggt sien Nest
nu wiet vörbi.

Flüggt vörut
hen dörch den Knick
un baadt in
Ruuchriep.

Vogel
mit de rode Bost
kaam mi noch eenmal
in de Mööt,

den Weg henlang
un deep in'n Knick –
baadt wi in
Ruuchriep.

To Wiehnachten

Ole Geschichten
warrt wedder wahr.

Loop ik alle Jahr
na't Holt un hau mi
den smucksten Dannenboom
un steek ünnerwegens
al Lichter an un
spegelt sik in
Kinnerogen –

Ok kann op
den wieden Weg
bi Snee un Ies
Knecht Ruppert
nich verbiestern.

Bemööt ik em,
nückkoppt he blots,
un denn warrt
– as alle Jahr –
ole Geschichten
wedder wahr.

Deck dien Poppen fein to

Annern Dag un noch
dreemal dree Daag
na Wiehnachten is allens
nich mehr so un allens
so'n beten trurig bi allens,
wat wi hatt hebbt.

Wat, ja, wat
weer dat denn nu,
un Wiehnachtenabend
so gau vörbi, un is al
meist gar nich mehr wahr.

Speel man, mien Deern,
un buu di en Huus för
annern Dag un dreemal
dree Daag na Wiehnachten
un alle, alle Daag.

Un alle Daag deck
dien Poppen fein to
un vertell ehr, dar
is Heu noog un överall
warm Stroh för
Minsch un Tier bet
anner Jahr wedder
Wiehnachtenabend.

Speel du man,
von hier bet Bethlehem
is dat so wiet.

Speel man wieder
un buu di ümmer
noch eenmal en Huus.

Postleitzahl

Nu hölp mi doch
man noch'n Stoot
un noch'n Stoot,
un wullst mal an
mi denken –
as mien Naver.

Nee, den Hoot,
den olen Hoot,
kann ik so deep
nich swenken.

Ik nehm em aver
doch mal af,
ganz eben af,
schullst du mi wat
verdenken.

Twee-dree-fief-een:
man blots so'n Kaff,
so'n lüürlütt Kaff,
dat kannst ja wull
noch lenken.

Nu tööv ik geern,
mit frischen Moot,
ganz frischen Moot,
lett sik ja veel
inrenken.

Bringst du mi nu
doch op'n Draff,
fix op'n Draff. -
Wull di den Hoot
doch schenken!

Ulen un Kreihen

Haken un Staken
kannst du maken,
hest de Fibel lest.

Ulen un Kreihen
kannst di dreihen,
büst de Bibel los.

Nu weet ik nich,
wat di noch narrt,
wo wullt di denn mit raken?
Sammelst doch ok
keen Kippen mehr!

Ut jeden Staken
dreihst di den Haken,
an den se di mal hangen warrt.

Stevelknecht

Eerst sung he,
sung - sung luut wat trecht,
un weer he ok blots Stevelknecht -
mit Orden.

Denn trock he,
trock en muulsche Snuut:
So seht de Stevelknechten ut -
ahn Orden.

Nu singt he,
singt - singt nu wedder frech
un blifft för ümmer Stevelknecht -
mit Orden.

Himmel

Ünner griesen Heven
gifft dat keen Himmel,
ridd dat Golden Kalv
op den lahmen Schimmel.

Dat Golden Kalv
kummt nich in'n Himmel,
grast ünner griesen Heven
de lahme Schimmel.

Tamtam

Tam – tam - tam –
grote Mood
en Gedicht
op Vietnam.

Lang al vergeten?

Spanien, Chile,
de Ostblock, Mann!
Tam - tam - tam -

Papier gedüllig,
blievt wi nix schüllig.

Maakt sik nix vör!

Nich en lütt Lamm
künnt ji slachten,
un weer't noch
so tamm.

Tam – tam – tam –

Minschenbild

Wat schall de Minsch
sik üm den Minschen quälen?

Büst du Minsch,
denn betahl,
dat du Minsch büst,
un quäl di alleen
mit dien Qual.

Wat schull de Minsch
sik üm den Minschen quälen.

Toletzt

Still staht Bööm
swatt gegen de Nacht
un swiegt –

Toletzt hebbt
wi blots wat dacht –

Staht Bööm swatt
un still gegen
de Nacht –

Dat Wunner

Hau doot, slaa doot!
Nu lütt, nu groot!
De Krönk, de warrt dat melden:
von arm un riek,
de worrn hier liek –
un en Gericht schall't tellen!

Uns Herr, de gung so langs de Straten,
de Welt en Wiengarden rechts un links.
Un överall harr Licht utgaten
de Sünn – un't weer ok jüst to Pingst.

Un hoch von Toorn
klung över't Koorn
de Klock un reep de Lüüd.
Dat beier man dünn,
un merrn dar in
jauln de Sirenen wiet.

Do stunn uns Herr dar an de Straten,
un Minschen lepen in de Mööt,
de harrn de Klocken lüden laten
– un nüms kenn Em, keeneen hett grööt.

»Un will de Krieg
uns mit Musik
op Düvels Schuuvkaar föhrn,
laat Stadt, laat Kark,
wüllt doch de Lark
noch'n beten länger hörn!«

Uns Herr gung wieder langs de Straten -
ut losen Sand worr graue Asch.
Un ut de Sünn dar worr nu schaten,
un Bomb op Bomben hebbt dar gnascht.

De Küül ut Stahl
reet Muurn dal
un leet noch Sülen stahn.
Weer sünst de Kark
en düster Sark,
nu kunn de Dag ringahn -

Do stunn uns Herr dar an de Straten
un seeg sien Krüüz, sien Bild dar an -
en Bombensplitter blots harr drapen,
un Sünnstrahln sliekern lang de Wann'n.

»Un hebbt se do
mit veel Hallo
mi an dat Krüüz ok slaan -
dar weer de Leev,
de bi mi bleev,
un hett mi rünnernahm!«

Uns Herr gung wieder op sien Straten
un dach un dach un keem in Draff:
»Wat hebbt se mi hier hangen laten!« -
un leep un leep un böög denn af.

De Lüüd keemen trüüch -
un bi de Brüüch,
wo dat na'n Marktplatz geiht,

worr't jeder wies,
reep luut, ween lies:
»En Wunner, dat He steiht!«

De Friestatt Friedrichstadt

Düsse Stadt
hett en Mann dacht,
un wat he dach,
dat worr.

Dat worr sien
Friedrichstadt.

Sößteinhunnert
eenuntwintig.

Do dach he sik
sien Stadt an
de Eider, un
schullen Brüüch
un Huus un de
Himmel sik spegeln
in Water ganz as
in Amsterdam.

Wat he dach,
hebbt Minschen buut.

Reep he luut
na Lüüd frie
von Striet un
frie von allens
bet op dat een –

Un se kemen
von Holland un
anner Provinzen,

von wiet un siet
un buun sik
en Friestatt.

Dat worr Friedrich
sien Stadt.

Un hier,
ünner griesen Heven,
weer de Himmel
so neeg –

Man leider,
dar an de Eider
worr dat keen
Weltstadt
as Hamborg,
keen Lübeck,
nich Bremen
un lang keen
Amsterdam –

De Mann,
de düsse Stadt dach,
harr jüst soveel
Pech as sien
Dänenkönig
mit Glückstadt
un liggt dar verloren
an de Elv, as
an de Eider
Friedrich sien Stadt.

Aver de Mann,
de düsse Stadt dach,
dach wieder un reep
luut na Lüüd
frie von Striet.

Un se kemen
von wiet un siet
un wullen frie ween
in düsse Stadt, un
ünner griesen Heven
weer de Himmel
so neeg –

Buun se Huus
un Brüüch,
timmern ok
Sarg un Weeg,
as de Een uns
dat opleggt hett –

Weeg un Sarg,
as de Een uns Minschen
dat toseggt hett.

Schull jeder denken
an dat, wat he glööv,
un de dar glööv, den
schull liek ween,
wat sien Naver dach:
    Remonstranten,
    Lutheraner,

Protestanten,
Katholiken -

So lüden se Klocken
un sungen ehr Leed:
    Frie Christen,
    Mennoniten,
    Calvinisten,
    de von Jehova
    un Juden,
    ok Juden -

So lüden se Klocken
un sungen ehr Leed
to kruse Locken un
anner Haar mehr,
to Kinnerdook un
Dodenhemdskleed.

Bi Klockenlüden
ünner griesen Heven
is de Himmel so neeg -

Ümmer is de Himmel
so neeg, un
mennichmal schien
ok de Sünn.

Dat duur
sien Tiet, un
jeden Jahr Fröhjahr
kalken se Huus

un Gebel witt
to Steen un Brüüch,
un, spegel sik allens
so schöön in dat
blaue Water, as
nu noch in den
Heimatkalenner.

Spegel sik allens
mit witte Wolken
in dat blaue Water.

Mennichmal
schien ok de Sünn –

Dat duur
sien Tiet, denn
keem en Dag,
un dat brenn
in düsse Stadt
as in anner ok.

Brenn dat
negenteihnhunnert
achtundörtig
merrn in'n Freden,
un dat geev keen
Friestatt mehr.

Keen Friestatt
för Juden un

wat dar sünst
noch weer –

Do smülten
se Klocken un
sengeln Locken
un anner Haar.

Minschenjagd
gung dat över
de Brüüch,
Minschenjagd
in jagen Hast –

   Kalk her!
   Mehr Kalk!
   Kalk!

Un wat sik
so'n Minsch
von Jud wull dach –

Ünner griesen Heven
weer de Himmel
so neeg –

Leep Anne Frank
en paar Jahr later
in jagen Hast –

Minschenjagd,
gung dat över en
Amsterdam Gracht.

Steihst du alleen
op een so'n Brüüch
in Friedrich sien Stadt
as in Amsterdam,
büst du nich alleen.

Du büst nich alleen,
haalst di allens wedder
her von do un denn,
as Friedrichstadt
keen Friestatt
mehr weer.

Kalk her!
Noch mehr Kalk!
Kalk!

Un steihst
doch alleen
un bekickst di dat.

Wat spegelt
de Heimat sik
jeden Jahr schöön
in'n Kalenner.

Un wat
fotografiert
sik dat moi, un
spegelt Huus
un Brüüch sik
in't Water, as

wenn dat de Himmel
sülven weer.

Mennichmal schient
ja de Sünn.

Minschenjagd,
lang her –

Schient de Sünn,
fotografiert sik
düsse Stadt ümmer
so schöön.

Mehr nich?
Nich mehr –

Ünner griesen Heven
is de Himmel so neeg –

Nich mehr?
Mehr nich –

Minschenjagd
hier un över en
Amsterdam Gracht,
lang her –

Un wat de Mann
sik dach, de
düsse Stadt dach,
gifft dat nich mehr.

Dat 6 x 9 Format

Mi dünkt, ik hör dat Scheten
Un wa de Kugeln fallt,
Mi dünkt, ik hör, he röppt, he röppt:
Min Anna, kumm man bald!

KLAUS GROTH »VERLARN«

Op de Kommod
steiht dat Bild,
sien Bild ünner Glas.
Lütten Foot hullt dat fast:
6 x 9 Format
hochkant stellt.

Do, as dat
knipst worr –
lang her!
Un doch
maakt dat noch
»Klick!«
dat Bild, ganz as do,
as dat knipst worr –
as se den Apparat
in de Hand harr
un em söch un em
eerst nich finnen kunn.

Un he harr ok gar nich wullt:
Wat schall dat!
Un se wull dat so geern,
harr em mit'n Mal ok funnen
in dat lütt rund Glas
un knipst:

56

»Klick!« maak dat blots,
blots – »Klick!«

Nösten worr dat en Bild –
so'n billigen Apparat
weer dat ja man.

Un denn,
as weer nu allens goot,
weern se to Holt anlopen.
De Hund bell un
sprung ehr vörut.
Un dar in dat Holt –
Wa jung se do weer!

Dat is so lang her!
So lang her is dat al,
dat he dar steiht,
dar op de Kommod, ünner Glas.

Un steiht
dar noch un kickt,
kickt blots so.
Un de Hund steiht bi em,
Tung lang ut'n Hals.
De Hund kickt ok.

He steiht noch un kickt,
un de Hund kickt ok.
Wasück de Hund noch heten hett?
Wat se dat allens noch weet?
He reep em ümmer: »Hier ran!«

Un denn töven se beid
un maken Spaaß.

Se hört sik noch ropen:
Hans! - Hans!
Nu stell di doch hen!
Un: So doch nich!
Och, Hans! Un:
Stah doch mal still!

He keek ehr so an,
as se em noch söch
un em eerst nich finnen kunn,
as se em ok ankieken muß un
rot worr ünner sien Kieken
un ehr allens so hitt worr
bi ehr hitten Hann'n.

Un denn harr se em,
harr em doch op dat Bild,
so as he dar stunn
mit den Hund
un knipst.

Nösten, as he weg weer,
worr dat ehr Bild,
6 x 9 Format,
un'n lütten Foot heel dat fast -
Weer ja man so'n billigen Apparat.

Aver nösten, as he weg weer,
do harr se doch -
harr doch en Bild von em.

Nösten weer se alleen -

Dar keem noch en Breef,
un he harr em schreven,
un de letzte keem ok richtig an,
man dat Telegramm -
dat Telegramm
keem eher an.

Un do -
na, do harr se doch,
harr doch en Bild von em!
Wieder -
nee, wieder
harr se nix,
blots dat Bild.

Dat is so lang her,
so lang her, dat se jung weer!

Nu steiht he dar
noch op de Kommod
un steiht dar
in de Uniform von do.

Weer sien letzten Urlaub!
Un se dachen beid: Wenn -
Un sän dat nich,
lachen dat weg,
wat kamen kunn.

Nu is dar Stoff op dat Bild,
Stoff op dat Bild ünner Glas,

Stoff op dat
6 x 9 Format
hochkant stellt.
Un'n lütten Foot –

Stoff is nix,
nix anners as Eer,
de op em liggt,
dar, wo he nu liggt,
wiet weg.

»Klick!«
maak dat do blots,
as se em knips – un
»Klick!«
maak dat dar ok,
dar achter – wiet weg –
in Rußland, in'n Snee.
Ganz eenfach: »Klick!«

Weer blots so'n annern Apparat,
keen 6 x 9 Format!
Eener harr em faat
un heel em fast –

Un söß un negenmal –
söß mal negenmal maak
dat wull »Klick!«
Un dat eenmal dreep em
un he full – dreep
graad em!

»Klick!«
maak dat blots
un weer as so'n Streek,
gung dweer dörch em weg
un dörch allens, wat he weer:
Hochkant stellt un so
graad un so hard un so fast!

Gung dörch allens, wat he weer,
un wat bi em weer -

Un se weer ja ümmer bi em.
Aver »Klick!« maakt dat blots
un maakt dat nu noch.
Un dat is as so'n Streek,
as so'n Streek dörch den Stoff,
dörch den Stoff op
dat Bild ünner Glas.

Dar steiht he,
dar op de Kommod.
Lütten Foot hullt em fast.

Do -
do weern se noch
to Holt anlopen un
lachen noch, wat de Hund so bell.
Un dar in dat Holt,
do weer dat so still,
as se bi em leeg,
do, den letzten Dag.

Un denn keem de Nacht,
de Nacht noch –
de een Nacht man –
un annern Dag muß he
wedder los!
De een Nacht man –

Och, wa jung se do weer,
do –

Annern Morgen,
as he los muß –
wat harr he noch seggt?
Oder harr he blots lacht,
ehr blots so ankeken,
as wenn se noch söch un
em eerst nich finnen kunn?

Wat he dar wull dach,
wo he nu liggt?

»Klick!«
maakt dat ümmer
un warrt en Bild
von dar, wo he
nu liggt –
in Rußland, in'n Snee . . .

Hier
kickt he
von de Kommod –
von de Kommod rin

na de Kamer un kickt
dörch den Stoff op dat Glas.
Blots 6 x 9 Format
hochkant stellt.
Lütten Foot . . .

»Klick!«

Tweemal - »Klick!«
hett dat maakt,
do - un - denn!

Dar is Stoff op dat Bild,
un allens is al
so lang her -

En Finger
treckt den Streek
dweer dörch den Stoff op dat Glas,
dweer över dat 6 x 9 Format.

Lang her -
so lang her al,
dat se jung weer!

Dar bleev nix as dat Bild
un de Streek dörch den Stoff,
un de Stoff is as dar de Eer,
wo he nu liggt.

So swaar is nu allens,
swaar as de Eer,

de he mal plöög, swaar
as de Peer, de sien Ploog
mal trocken, un so swaar,
as he do weer, as he
op ehr leeg,
de letzte Nacht,
de he bi ehr weer.

Wa jung se do weer!
So jung, so jung!

- Lang her!
Nu is se alleen, ümmer alleen.

Wat se em noch kennt?
Un wasück de Hund wull heten hett?

Allens nich mehr wahr!
Un doch is he dar, dar
op dat Bild!

Un mit'n Mal
maakt dat »Klick!«
dat Bild, un steiht
dar doch op'n Böden,
steiht dar op de Kommod.
Un se steiht nerrn in de Köök,
wascht Schötteln af,
hullt jüst en Taß in de Hand,
Taß mit'n bunt Muster, un -
hett an ganz wat anners dacht -
so'n billige Taß man un

doch so'n bunt Muster!
- hett se an ganz wat anners dacht,
un blots mal so
ut't Fenster keken.

Un en Plöger plöögt dar
günt op de Koppel,
plöögt den Anbarg langop
liek in de Sünn. . .

De dar plöögt, kunn -
kunn he ja ween!

Harfstwind weiht al
un speelt mit de Sünn üm de Wett
in bunte Blääd un sore Telgens
bet an dat Holt.

Jüst so'n Holt is dat,
as dat dar weer -
do - un -
»Klick!«
maakt dat.
Un he springt
rut ut dat Bild,
raf von de Kommod,
un he is dat -
he is de Plöger!

Prrr! ritt he de Peer trüüch,
kickt na ehr röver,
nückt mit'n Kopp!

»Klick!«
hett dat maakt,
blots mal »Klick!«

Un nu kummt he,
kummt dweer över't Feld,
kummt op ehr to!

Dat is allens as do,
un Harfstwind weiht al un speelt
mit de Sünn üm de Wett in bunte Blääd.

Un de plögte Eer is
so blank un so swatt!

Un he is dat,
Hans!

Eerst is he noch wiet,
blots 6 x 9 Format -
kummt neger, warrt grötter,
lacht ehr al to.

Steiht se un hullt
de Taß in de Hand,
kann sik nich rögen,
kickt blots.

Un neeger kummt he,
ümmer neeger un
warrt so groot!

Un so neeg is he -
grötter as dat Huus meist
warrt he un will
na ehr griepen,
as do -
as do, as
se em söch un funn
un bi em weer.

Un nu - nu grippt he!
Se sackt man so dal,
un he fallt swaar,
so swaar op ehr,
as do,
ganz as do.

Un doch full
blots en Taß op'n Zement,
Taß mit'n bunt Muster.

Se steiht noch,
steiht dar noch
un kann sik nich rögen,
un Harfstwind un Sünn spelt wieder
in bunte Blääd un sore Telgens.
»Klick!«
hett dat doch maakt -
un weer man blots
en bunte Taß.

De Plöger plöögt wieder.
Se fegt de Schörrn tohoop

un kickt noch, kickt
den Plöger noch na,
över den Anbarg röver un
günt bet na't Holt.
Un jüst so'n Holt is dat,
as dat do weer.

Se kickt den Plöger noch na,
fegt de Schörrn tohoop
un kickt em noch na,
de dar plöögt un
nix von *em* weet
un von de Eer,
de he mal plöög,
Eer so swaar,
as he do weer.

Denn löppt se to Böden,
in jagen Hast na dat Bild.
Lütten, so'n lütten Foot man
hullt em blots fast!
»Klick!« harr dat doch maakt,
un wat kunn dat bedüden?
Löppt se in jagen Hast.

Dat Bild stunn dar
noch op'n Böden
un op de Kommod.
Dar weer blots
so'n Streek
dörch den Stoff
op dat Glas.

Un'n lütten Foot
heel dat, heel dat
ümmer noch fast:
6 x 9 Format,
hochkant stellt.

Fegt se noch Schörrn tohoop,
kummt de Nacht.
Na Handarbeit un bradten Appel
lest se noch un söcht
för'n paar Groschen Glück
un is dar licht mit trech
mit den Roman un is
nich ehr Geschicht -

Un geiht langop,
Foot för Foot höger
de Trepp, so traag, un
geiht na em.

Un steiht alleen
un treckt sik ut,
dar vör de Kommod un
för em,
as jeden Avend
all de Jahrn.

All de Jahrn steiht se dar,
siet do, as dat »Klick!« maak,
tweemal »Klick!«
do un denn -

Se kickt noch in'n Spegel,
knütt de Haar losen los.
He - kickt to . . .

Wa jung se do weer,
do!

Do? Wat weer - do?
Wat weer dat denn?
Ochso, ja - ochso . . .

Un eher se dat Hemd aftreckt,
knipst se dat Licht ut,
as do -
un harr em eerst
nich finnen kunnt.

Un steiht denn
vör em in'n Düstern,
so jung as se weer.

Denn liggt se un kickt,
kickt in de Nacht
un kann allens so dütlich sehn,
un Harfstwind weiht al un bunte Blääd
danzt in de Sünn.

Denn maakt dat »Klick!«
Un weer man en Taß,
Taß mit'n bunt Muster,
fegt se de Schörrn tohoop.

Wat se noch Tranen hett?

Wenn,
wenn he nu
ut dat Bild rutkeem,
ünner dat Glas rut -
un wenn de Streek nich weer,
de Streek dörch den Stoff,
un de Stoff nich
as Eer weer,
de op em liggt,
dar, wo he nu liggt,
wiet weg un eenerwegens
in Rußland ünner de Eer.
Eer, de so swaar liggt -
so swaar as
he do weer -

Wa jung se do weer!

Wenn,
wenn he nu keem,
wenn he nu sacht anklopp:
Marie! - Marie!
Un de Döör gung liesen los,
as do un:
Hans, mien Hans!
Marie, oh mien Deern!
Wenn se em föhlen kunn,
un he weer denn
wedder so swaar

as de Eer,
de he mal plöög.

He plöögt nich mehr.
Dar is en Streek dörch den Stoff,
un de Stoff wiggt swarer meist
as Eer.

Ween man mal, Deern,
wenen is goot!

Allens is
so billig nu.
Dat beten Leven noch,
dat sik nich lohnt.
Un dat Töven op Daag,
de kaamt un traag
keen Lust mehr hebbt.
Daag, de gaht un
nix bröchen as Töven
un wat domals weer.
Un dat he ut dat Bild rutspringt,
ut den Stoff op dat Glas,
ut dat Bild dar op de Kommod -
6 x 9 Format
hochkant stellt -

Allens is
6 x 9 Format,
un'n lütten Foot
hullt dat fast,
so'n lütten Foot man.

72

Un dat Glück ünner Glas,
de Streck dörch den Stoff,
dat Bild dar op de Kommod -
Weer ja man so'n billigen Apparat!

Allens is so billig!
Allens is billig, blots Tranen nich.
Ween man mal, Deern,
wenn du noch Tranen hest!
Ween man mal,
wenn du dat kannst.

Anmerkungen

Eutiner Kreisen
Eutiner Kreis, Gruppe norddeutscher Schriftsteller, die erstmalig 1936 in Eutin zusammentrafen. Dem Kreis gehören und gehörten so unterschiedliche Autoren an wie: Hans Friedrich Blunck, Ivo Braak, Hermann Claudius, Gustav Frenssen, Hans Heitmann, August Hinrichs, Walther von Hollander, Moritz Jahn, Hinrich Kruse, Wilhelm Lobsien, Agnes Miegel, Alma Rogge, Gustav Friedrich Meyer, Heinrich Schmidt-Barrien, Helene Voigt-Diederichs.

Vertell von San Marino
Geschrieben während der Kriegsgefangenschaft in Camp XII, Cesenatico/Adria, Italien.

Hörspill
Bischoff van Meckelnborg - Hörspiel von H. Kruse, erstmalig gesendet Radio Bremen/NDR 1.6.64. Ivo Braak spricht Hinni, den Schwiegersohn von Opa Mangels.

En Bild von Pieter Holstein
Pieter Holstein - niederländischer Künstler * 1934.
H. wurde vor allem bekannt durch handkolorierte, stilistisch ungeschickt erscheinende Radierungen, oft mit handgeschriebenen Texten, die häufig fragend, scheinbar verwundert und arglos, Ausdruck einer kritisch-philosophischen Lebenseinstellung sind. (Nach Winkler-Prins, Encyclopedie).
Galerie Mangelgang - heute nicht mehr existierende Kunst-Galerie in Groningen, Oude Kijk in't Jat Straat.

Kleed
Variation eines alten, bereits vor 1800 auf dem Balkan bekannten Volkliedmotivs, das u.a. schon Adelbert v. Chamisso verwendete. S. a. Röll, Walter, Entdeckte Liebe, in: Jahresgabe 1969 der Klaus-Groth-Gesellschaft. Zum 150. Geburtstag v. Klaus Groth, S. 212ff., Heide: Westholsteinische Verlagsanstalt 1969.

Dat Wunner
Geschrieben in Italien, 1944

De Friestatt Friedrichstadt
Aus: Friedrichstadt, Bilder einer Stadt in Schleswig-Holstein, nachgezeichnet von niederländischen, dänischen und deutschen Autoren. Sendereihe »Sprache ohne Grenze«.
Radio Bremen-NCRV Hilversum. Sendung: 21.3.1967.
Vollständige Erstveröffentlichungen: Niederdeutsch im Heimatfunk (Bremer Beiträge IX) S. 196ff. Bremen: B.C. Heye & Co. 1968. Syring, Rudolf (Hrg.), Niederdeutsche Lyrik 1945-1968 S. 69ff. Hamburg-Wellingbüttel: Verlag der Fehrs-Gilde 1968.

Dat 6 x 9 Format
Geringfügig überarbeitete Fassung 1978.
Erstveröffentlichung: Jahresgabe 1970 der Klaus-Groth-Gesellschaft, S. 54ff. Heide: Westholsteinische Verlagsanstalt 1970.

Wöör

Anbarg Anhöhe
beiern bimmeln, Glocke
  anschlagen
bemöten, bemööt begeg-
  nen, begegnet
Black Tinte
blänkern blinken;
  glitzernd
Böden (Haus)boden
dal nieder, hinab
Dook Nebel
Draff Trab
Drusselbei(e) Vogelbeere,
  Eberesche
dweer quer
eenerwegens irgendwo
eien streicheln
Ellhorn Holunder
gau schnell
gnaschen krachen, zermal-
  men
heesch heiser
Heven Himmel
hitt heiß
Huut Haut
jüst gerade
Kalverkruut (wilder)
  Wald-(Wiesen-)Kerbel
  (Anthriscus silvestris) u.
  Kälberkropf (Chaero-
  phyllum bulbosum bzw.
  hirsutum)

Kinnerdook »Kinder-
  tuch«, Windel
klamen, klaamt frieren,
  friert
Kleeverveer vierblättriges
  Kleeblatt
Knick Wallhecke
Kniep (Wäsche)Klammer
knütten knüpfen, binden
  (auch: stricken)
Krönk Chronik
Krüselbusch verkrüppeltes
  Buschwerk
küseln kreiseln, wirbeln
Küül Keule
lang (ent)lang; längs
langdal hinunter
langop hinauf
Lark Lerche
liekers trotzdem
Lien Leine, Linie
losen müde, lässig, sanft
lüürlütt sehr klein, winzig
Meß Messer
Mööt, in de M. kamen ent-
  gegenkommen
moi schön, hübsch,
  schmuck
narrms nirgends
nerrn unten
nösten nachher, später
opleggt auferlegt

Ploog Pflug
raken, sik streiten, ärgern, erzürnen
Ruuchriep Rauhreif
Schöör(n) Scherbe(n)
Schöttel Schüssel
sied niedrig, seicht
soor, sore dürr(e)
Staken Stange, Stecken, Stock (Haken un Staken - »unbeholfene, unleserliche Schrift«)
Stoff Staub
Stoot kurze Zeit, Weile
Streek Strich
Süül Säule
Telg(en) Zweig(e)

töven, töövt warten, wartet
tohoop zusammen
tokamen werdend, künftig, kommend
traag schleppend, schwerfällig, träge, auch: gedankenverloren
Voß, de V. bruut aufsteigender (Boden)nebel (wörtl.: der Fuchs braut)
wahr(e)n bewahren
wasück wie
wegwahren, sik w. abkehren, sich a.
Wiespahl Wegweiser
Wohld Wald

Inhalt